Turbios
Celajes
Intrincados

Alexis Soto Ramírez (La Habana, Cuba, 1967). Recibió, en su ciudad natal, el Premio Luis Rogelio Nogueras de poesía con el libro *Estados de Calma* (Ediciones Extramuros, La Habana, 1993). Textos de su autoría están antologados en *Algunos pelos del lobo. Jóvenes poetas cubanos* (Instituto Veracruzano de Cultura, 1996). Actualmente reside en Maryland, EE.UU., donde trabaja como arquitecto de sistemas informáticos. Ha publicado en revistas literarias de Estados Unidos, México y España.

Turbios
Celajes
Intrincados

Alexis
Soto
Ramírez

ediciones **Lenguaraz**

Ediciones Lenguaraz

Diseño de cubierta: *Rafael Lago Serichev*
Edición: *José Antonio Michelena*
Fotografía del autor: *Ben Sussman*

Impreso en los Estados Unidos de América.
Primera edición: Marzo, 2016

ISBN: 978-0-9971960-0-9

Para José, Alejo,
Chavela, y Mima.

Turbios celajes intrincados

Tuve a bien malgastar los goznes
haciendo de un manantial ocioso
al deslumbrado sol
palidecer las alas.

La mano retoza
revolotea por siniestros
y tupidos parajes
de maderas aberrantes.

La garza acude
al pez inofensivo
que abarca impávido
mares impolutos.

La verdosa insinuación de la marea
cuando pasa la barca salivando
al soldado que la muerte
descarada y torva
seducía.

Una espátula
y un ramillete de rosas
gastadas por el aire
trae el soldado.
Una voz antigua
en la crujiente
espada de la luna.

Desde esta sustancia
que transpira

con los ojos ansiosos
de alborotadas madejas
el espacio entre la razón
y la bestia se comprime.

¿No viste cómo mi corazón sediento,
escarpado compatriota
de largas esperanzas,
se escurría?

¿No viste cómo,
armado de paciencia,
destilaba un humo terrenal
de recia sangre?

Acerca despacio
su descomunal masa
el astro al cuervo.
Incita delirando
turbios celajes intrincados.

Impensados aciertos

Impensados aciertos me consuelan.

En perfumadas cortes
de solícitos terrores
o floraciones de alga sucia
creciendo impaciente
la puerta se perfila.
Por ella tendremos que avanzar
plegar las manos
de terribles espejos vacilantes.

Tan cortante como el humo
la tan humana versión
de los sucesos
va bajando.
Uno a uno los ricos
torpes   tropeles moribundos
ahogados de emoción
cual bermejas alcobas calibradas
en un espacio sincero y elocuente
se dormitan.

Visto el fuego, dependo
lastimosamente
de lo oscuro.

En mis inicios

En mis inicios
cometí la extravagante torpeza
de cubrir los ojos.
Atendí solo
a las espaciadas
y originales entregas
de las circulares.

Como entretuve
de vez en vez
las estaciones
conseguí a duras penas
caminar erguido.

(Suponía que el labrador soltase a su júbilo su cosecha.)

Como un cretino dormí,
fui comiendo
en la noche
de mis propias habas.
Y hubo hasta quien sospechara
de un intento suicida.

(Sobre el ardor y la penumbra quedé quieto.)

Comprendo ahora las esperas,
los febriles entierros
a los que acudí
solícito.

Mientras el espacio se cierra en derredor
una vertiginosa ilusión nos acomete.

(Y me aseguran del algodón y la roseta.)

Sospecho del cavernoso ademán que desvaría.
A tientas, sube lentamente el labrador hacia su choza.
Come de su pan, cierra el libro,
se refugia en las astutas memorias de la infancia.

Son perros lejanos

Son perros lejanos
los que en mi oreja duermen.
En las noches levantan sitio
mientras en un rincón
yo me arrullo
y tiemblo.

Son perros lejanos
y se escuchan fuertes sus ladridos
sus sincopadas muecas
inmunes
al devenir
humano
de la noche.

Así comienza este descenso delirante
imán de las tragedias.
Más profundo que el ciego
manantial de la montaña
más amargo que un vendaval
de rudas nigromancias anhelantes.

Por la pradera corrí
los perros aún sedientos
de mis tristes muñones.
Palmeras de roja plata
batían el cielo de nubes hieráticas.

Dentelladas amargas.
Cien canes como fuego
hundiendo sus brasas
malolientes en mi carne.

Bajan los vientos más gélidos

Bajan los vientos más gélidos
a los oscuros puentes
enredando la luna en caprichosas
lianas de estambre.

Yo conservo de otros tiempos
la sensación antigua
de vasos altos esculpidos.

Como se une a la muralla
el liquen persistente
se enredan en mis dedos
albatros,
cuernos fosforescentes
de viejos unicornios,
risas amargas
de vaporosos gatos.

En la noche apagada
meditando quimeras me fatigo.
El viento en su redondez
suplica a los portales
una ocasión
siquiera diminuta
de pasaje.

Con recatados pasos
(resonancias en piso de hierro)
me acerco a lo ignoto resoluto.
No temo al miedo,
no temo al aluvión de flechas silbadoras

ni a las octogonales
paredes que suprimen.

Rugen el viento gélido
y la noche impenetrable de odios.

La palidez de la luna ha quebrantado el sueño
y los demonios ululan con arrebatado celo.
El que se siente a resguardo cierra las compuertas.

Habrá que sembrar un nuevo pan en la mañana,
y despertar al que llora en el fondo del pozo
amargamente.

Silbidos a lo etrusco

¿Cómo será que la asimetría
le rasga el cabello a la ciénaga
y respira tras un cedro
sus ligeros pliegues
—silbidos a lo etrusco—
mientras pide
graciosamente
mi encierro?

Algo torpe regresa el guardián
a la taberna
después de haber respirado
los estados minerales en un pozo.
Redescubrir
en vez de llorar
es su voluntad,
mas se golpea el triste contra su nitidez
y se confunde
sosteniendo ese cansado ritmo náutico
soñando heliotropos
mojados
de baja estirpe.

Son ahora otros los que cantan
mas otros también eran
y semejaban
desde entonces
ese mismo sentido
ese mismo gozar
de esas mismas ciénagas.

Pobre guardián
jugando con esos tramposos dados
regresando a ratos
—canario a cuestas—
a los pinos inmensos.

La vida nos ha dado la gran sorpresa
desde su círculo rebelde
y su ridícula verdad
en vinos viejos se adormece.

Rondan esta noche los mismos diablillos
que estremecían al César en su noche.

Mejor será que entierre
para siempre este deseo,
sabiendo (como lo sé)
lo que ha de venir en su momento,
antes de que vea revueltos
los ojos olvidados
dentro de este vaso de vino
alegremente.

Tenía

Tenía una morada tardía
con azucenas hambrientas
de un azul sano,
como las primeras
lluvias de mayo.

Tenía sedientas lilas
retozando en la tierra
recién mojada
de tormentas
insidiosas.

Tenía dos unicornios,
cuál de los dos más perdido
en el pantano de la noche.

Tenía vanos
consejos perdidos
en antiguas libretas de colegio
y un círculo de abiertas
esperanzas titilantes.

Tenía las manos
atadas a la espalda
y unos sencillos deseos
a flor de piel
quemándome.

Tenía el mutismo
y la perfecta excusa
de la decadencia,

augurios de ritmos
desafiantes,
caracolas sutiles
que descifran destinos,
un canto apagado,
una vasija floreada
y una vela
que alumbra
apenas
los dominios inciertos
de la tierra.

Timbre, montaña

Es predecible el timbre en la montaña,
arrastra consigo
un largo y perezoso ronronear,
como de gato
o ciruelo en flor.

El timbre nos avisa de un reposado maná
que sobre postigos de piedra
y mansedumbre dormita.

Mas no desnuda
ni desarma sutil la puerta vacilante.
Rompe atroz los goznes,
arrebata cejudo
el cuarzo al reloj de madrugada.

No vale hacer de sordos y olvidar.
Bien sabe el timbre que mentimos.

La montaña
corta al árbol por su centro,
se nos escapa
su fijeza inoportuna.

No alcanzamos el cansancio
en este miedo.
Recobramos el asombro ante lo inmenso
mientras la claridad
de la montaña nos convida
y lentos avanzamos
en contritas mareas militantes.

Llegaremos acaso a otro subsuelo
retozando al albor
las manos sabias,
mas no sin antes perdonar
al ojo oblicuo,
transparente.

Las atroces manotadas de la vida

Las atroces manotadas de la vida.
¡Cómo cierran puertas
y abren solsticios!
Descubren las que otrora
parecieran montañas.

En una canción de aparente limpieza,
como atajada
la palabra teme una oración,
un argumentillo
de milicia chata.

De convertir y aglutinar
se vuelven ciegos.
Acuden al maná de lascivos rigores.
En el retozo se concentran
y adormecen.

Las atroces manotadas de la vida te sacuden
si es que atinas y disciernes
si es que llegas
porque hay muchos que despiertan
después de la refriega
separados y nulos,
atónitos,
saboreando el malestar de la sangre.

Yo vi

Yo vi en los confines del cerrado cuarto
agazapadas bestias
balancearse
con mirada torva.

Cerco cerrado
dientes poderosos
hirsutos dedos quebrando
el inasible espacio de lo muerto.

Yo vi cómo la fresca noche tornaba
hombres en sierpes
y hermosos caballos
de milagrosas crines
tornarse rabia
    y odio
        y podredumbre.

Yo vi todo eso
y más,
pero no cejo.

No me detengo ante la flecha
que silba en su camino hacia mi pecho.
No me confieso, no me abato.

Que me arrastren los ríos
revueltos de la tierra

si he de claudicar.
Que me coman
los cuervos estos ojos
si he de renunciar.

De degollar al carnero precoz vengo

De degollar al carnero precoz vengo
su miserable infortunio pesa aún en mi memoria,
su peculiar linaje de oros finos
cuando perfiles angostos
de altísimos sombreros fisgoneaban
incrustadas copas de manos angulosas,
avestruces, monos, abalorios,
minúsculas tenazas
de bellos metales martillados.

A una pulgada de la noria el viento imparcial
de amarras súbitamente libre
mece con furia las correas
que a mi caballo atan.

Por la cochambre infusa
de poderosos manjares
recorrí como un loco desolados pasillos,
un escalofrío de carcomidos hierros
inundaba mis huesos
de miles de inviernos imposibles.

No recuerdo las mareas que abaten
los hilos que habitan telares infinitos
donde dormir bajo un árbol
pareciera quizás una ilusión absurda.

No recuerdo las maderas dentadas
que guardan en perfumados
crujientes escaparates antiguos
oscuros designios.

Viajé, sí, a las lejanas estepas,
a degollar al carnero mentiroso.
Sus desorbitados ojos al apagarse
aliviaron mis pesares.

La sensación de mostrarse es más terrible
que la palabra escrita en oscuros pergaminos.

Sabios astrólogos a la razón
furiosamente apaleaban.

Gritos, gesticulaciones,
increpación, odio,
sacerdotes majaderos
de majaderas ínfulas
armados y sedientos
corrían a mi encuentro.

Saber no es más, ni es menos, ni es tan sólo.

La pasión de lo ignoto estremece
y atrae a los más débiles,
se reúnen tímidos en torno
a un nuevo cordero que aparece.

El fuego redentor hace presa
de mi corazón sereno.

Cómicamente hacia la nada

Argonauta mudo,
acostado en la meridiana
frescura de la noche,
los ojos hundidos en el fondo del pozo,
ahogado de líquenes, islas,
manjares.

Con apagado trayecto
retozan las manos en el humo,
empeño   cuchillo   flecha,
sordidez y espacio para los hombres.
Recuerdo aquellas mis palabras como esponjas
quemando la garganta de los menudos gatos.
Se me atraviesan las miradas
y descuidado cortejo
miríficas certezas.

Lo parabólico agrede lo místico.
Ahora comprendo las palmadas del abuelo
en el enjambre de la puerta,
cuando trocaba los himnos
y la piedra
en la plaza del sol.

Metafísicos ojos que nunca llegarán a lo espontáneo.

¿Habré soltado mis caballos a lo profuso,
olvidando el estambre
y la sonrisa de mi madre?

Cada peñasco merece su posición y su tersura,
cada camino que tomamos
nos aleja
cómicamente hacia la nada.

En la montaña

In the mountains, there you feel free.

T.S. ELIOT

Me gusta el aire olvidado de los montes
las viejas carreteras por donde duerme
       un Ford
ahogado de líquenes
o verduscas manchas que simulan
un animal muriendo
       o una legión
de mansas musarañas
      aflorando.

Me tienta la montaña
donde caminar reconforta y ennoblece
sin las recias
      terribles amarras
escudriñar el secreto camino de la hormiga
la cimbreante intuición de las abejas.

Por escarpadas laderas
perderse en lontananza
aberrado de verdes
absorto en su savia primigenia
despertar puramente
alimentado de sueños
    cúpulas
       ramajes.

El monte es la visión que escapa a nuestra risa.

Envidio sus maderas más finas
su desganado y despectivo fluir
sin que podamos abarcar
su ámbito sublime y
prepotente.

Tesoros sin cortinas, aludes,
tamarindos de intenso
magnetismo aéreo,
pájaros chorreando
trinos inauditos.

Enlodado y contento
por sus faldas resbalas
ufano de la vida y sus misterios,
gozoso de la tenue libertad
que nos regala.

La tinaja y el caracol

La tinaja,
donde encontramos
atrapados cielos
sonríe al viento,
propaga un cúmulo
de antiguas aguas
complacientes.

El anillo en la tinaja
su contorno por la boca aprieta
y un fino velamen
de revueltos pinos aferrados
o canoros huesos
contempla.

El caracol olvida su traza
y en su sublime pereza huye
atenuando palabras amargas
de domingo.

Una visión,
un turbio espacio muerto
de torpes anaqueles
esperando el salto propicio.
La memoria de las cosas
va cediendo
lentamente
al polvo.

Dispuesto acosa
el caracol a la tinaja,

sostiene el manto
de curvilíneas ansias.
Con armazón impaciente
deviene en sueño,
penetra el orificio petulante.

Y la tinaja
rasgada por la boca arde
ungida de caballos alados
y margaritas volcánicas.

Dormita,
va olvidando con júbilo
el cúmulo de antiguas
aguas complacientes.

El espárrago

El espárrago se moría de la risa:
torsiones, contrapesos, espadas calientes
cuando el bistec glorioso,
adornado de aliños,
sucumbía a la mordida furibunda.

De espesas mandrágoras escapaste
espárrago risueño;
madreselvas lejanas te reclaman
                            a lo oscuro
tus dedos largos
en finuras asombrosas culminando
            no sospechan.

En el plato de figurines orlado
por unos instantes más perduras.
¿No ves que no quedan ya garbanzos
en la pradera espaciosa
de finas porcelanas?

El reloj dorado en la pared
te observa circunspecto
mientras tu risa por el aire traidor se diluía.
El bistec ya ido no despertó en ti
la más mínima sospecha,
iluso espárrago incauto.

¿Acaso no viste la alevosa
siniestra aproximación
del cuchillo sigiloso?

¿Acaso no sospechaste
de la lisura innatural
del astuto
plato militante?

Garbanzos, alcachofas

Crispación de la mañana hierática.
Los garzos garbanzos fustigan
con el ojo tieso,
eléctricos, pertinaces, ardorosos.
Alcaparras afloran
y sucumben
a la llamada de la flor.
Con estoico vaivén
de martillados bordes
olorosos palillos
de canela revuelcan
al ajo en su lujuria.
No intercedo en su favor, río,
aviento los estofados conejos,
las margaritas en vino rojo dormitando.
Una immersion luminosa
de frijoles en remojo
pretende sobornarme,
vacíos cántaros socavan la confianza
y rememoran la pasada cena
con olores adúlteros
y tiernos.
Lágrimas de cebolla
en descoloridos manteles
conspiran
mientras murmuran
escapando
las traidoras
alcachofas delirantes.

Adereza

revienta las amarras
adereza un carnero
en sus impacientes volcanes adustos
perfeccionar la receta
sin tocar apenas las violetas
margaritas revueltas
en el fondo del pozo
ya yo percibí las amarras
situadas cariñosamente
entre el espacio que cubre
el anotado intersticio
y la probable rosa
que a pleamar se extiende
muramos ahora
cuando la canción de ciertos ritmos
azulados
paisajes nefastos
                    de perfumadas
                    plumas adolecen
no permanecer
y no morir en el mismo espacio
se cubre de mármol la estocada final
sin recato la remesa
desdobla su fina comezón
de afiebrados senderos
vino pipeño que adereza
las calumniadas
        palabras
             impacientes.

Taza, pelusa

el accidente de la pelusa en la taza
cuando movía la cucharilla el recién colado café
con su pesada acústica de novedosos hilos
la cucharilla apaga los laureles
y la palabra que volaba me dolía en la vena
por el vericueto amargo de los años
la garnacha dulce que merezco los domingos
diluye una canción
o dos de Dylan
los esenciales
daguerrotipos de la infancia
saboreaba callado
por asombrosos paisajes
de tercos humos
huyamos pronto de esta etérea
ensimismada memoria de lo muerto
quizá por su armazón
el vuelo de la pelusa
urdiera otra palabra
mientras el cuenco por la vena
al dulce dolor eyaculaba
de ciegos tropelajes
cansados libros inmunes
y desiertos.

Magulla

A Marisol,
mi madre.

magulla la caldera en la cocina
arrebata con genio los vasos
las cucharas febriles
de pesados cinceles alevosos
astilla la loza
avienta
las rebosantes lágrimas
cristales que en presurosos
desechos saltan
el magullado borde
abriendo cicatrices
     de anaranjados
         canarios
tu pasada por la mítica ilusión de los toros
corriendo sola en la estación de los lirios
abollados tropeles
de tiernos suspiros cariñosos
magulla la cadena de invisibles
               paisajes
cañaverales sedientos
cafés de indescifrables trueques
torvos canarios
de anaranjados plumajes
no constestan.

Venganza del árbol

La madera conserva un miedo atrapado
    en los nudos más densos.
La savia íntegra
en las más recónditas venas
del árbol se adormece,
plantea una ética innata,
una voz que nos llega abrupta
de lo más ahogado de las fieras.

La madre mira con lenta fruición
cómo el humo
en el patio se alza.

Hay perros mojados hurgando en La Bastilla,
buscando huesos silenciosos de blanquecina espuma.
Banderines perlados de rojo cortan el aire.
Banderines,
estandartes mentirosos de pliegues siniestros.
Banderines que debieran acusar su membrana insulsa.

Como un cáncer los perros roen la vértebra,
limpiando los humanos pedazos con placer
    por turbios pasillos.
En ventanales de juicios sordos pupilas vacilantes
    se juntan,
miradas torvas que quisieran partir a lo remoto.

La madera en la pesada rueda regresa
    sigilosa a sus orígenes.

Entre vueltas y vueltas
ha visto con su recia ternura caminos enlodados,
manjares de cuervos putrefactos,
terrenos de amplios surcos,
sordera.

Con precisión de barbero
la madera en la rueda maneja una navaja silenciosa,
su caprichosa manera de avanzar moliendo
      negros dedos,
produciendo negras cicatrices.

El árbol sacude sus nervios y espanta de un tirón
      vitrolas,
tejados, abrelatas de torcidos filos,
maracas y violines de roja escarcha.

En el cerrado círculo la hoja resucita a su debido placer,
y la rueda regresa con su girar eterno
a los vacíos
estrados de la noche.

Los zapatos que me descubrí ayer

Llevadme al cementerio
de los zapatos viejos.
MIGUEL HERNÁNDEZ

Los zapatos que me descubrí ayer
llovían hacia dentro de la puerta;
por largos asfaltos
—do magullados monociclos
recorren sin prisa
(sus oxidadas cadenas rechinando)
resplandores de neón
y escombros de recientes
hambrunas satisfechas—
pasan.

¿Acaso no escuchaban
esos altos maderos de la esquina
cómo ronroneaban lentos versos
destilando entre risitas mudas y chanzas
propuestas indecentes?

A los colorados zapatos de lejanas
        praderas epicúreas
se adhieren hojas caídas
        de árboles enanos;
con orgullo de pasitos cortos
por terrenos de lodo y humus
persiguen tortugas aladas
        sin descanso.

Los zapatos que me descubrí ayer
     ahora ya no sirven;
se despedazan en vergonzosas lanas
     de miserable hechura
y miran hacia arriba con la lengua trabada
en pegajosos telares   de sonrojado lino.

Sus cordones mugrientos
huyendo por férreos ojales cejijuntos
entre hilachas fuertemente apretados
despiden un olor pardo,
cúmulo de interminables horas.

Oh vagabundo esplendor que mata
oh resquicio obscuro y macilento
     que arrebata
que urde constantemente
presagios infieles de oro.

Saboreando el polvo del camino
los zapatos encuentran
la hora de su muerte.

Palabras en febrero

Acorraladas las palabras
huyen las unas de las otras
cobíjanse recelos ocultos
en encrucijadas de engañosos
espejismos.

De hondas lámparas y
mullidas alfombras
y cláxones frenéticos
es mi camino en el destierro.

Las palabras en febrero
asestan sin piedad
puñetazos amargos.
Salobre es la sangre
que alrededor de los labios
florece.

Me he sentado por siglos
en este oscuro rincón
escuchando un *jazz* antiguo
sin siquiera sospechar
de navajazos
que desgarran la noche.

Me he sentado en lo más oscuro
y contemplo el mundo desde lejos
como si no existiera
yo dentro de él
como si no fuera real

el acertijo de la bestia
que aroma de flor destila.

Una palabra al perverso imán
de la poesía temblando
fervores absolutos invitan.
Una palabra que arrastra
consigo promiscuas
amigas indiscretas.

A estas fuerzas sucumbo
y al andamiaje descarnado del verso
y al enjambre de lianas corredizas
y círculos oblicuos
y marejadas
    que alientan
        tormentas
            infinitas.

Sonetos, alimañas

Había un arbolado fragor
en la pesada rueda
donde se expande
tenaz
un liquen milenario.

Si miramos: sonetos,
alimañas
de antiguos alabastros,
alados carneros
que en comediantes
cuervos
se transmutan.

Ahora pasa el joven ciervo
ignorado de espinas,
reaparece su perfil
insólito
en la bruma.

La pesada rueda gime en tonos
de enrojecido dolor
—despierta quizás
a las ricas
praderas vanidosas—
mientras verduscos
enjambres de aves
caen
por la conjura del vino
clavada en el costado.

Cieno voraz tragando blandas mariposas.
Corceles de ojos atrapados.
Espuma sin alas,
marisma sin ocio.
Primates de dudoso linaje cantan
sonetos dentados
de rimas imposibles.

Bosques tupidos de plumajes exóticos.
Arbolado fragor, asedio,
bandadas de garzas azules sobrevuelan
acuosas palmeras anhelantes.

La pesada rueda bajo el asedio del liquen
se derrumba.

Sueño del hongo

El hongo sueña ser árbol
añora un ramaje espléndido
colmado de hojas tersas
acariciadas por un viento suave
          que no cesa.
El hongo reniega su sombrero
acaricia aquella visión
y con orgullo se duerme
colmado de arabescos,
asistido por benévolos
dioses complacientes.
El hongo quizá
lograse tal designio
si cuerpos argénteos
de finos paladares
no quebrasen añoranzas perdidas
en el escarpado diamante
de las sombras.
Como se atraganta la noche de deseos
el árbol al hongo
merodea en secreto
y en su ternura hunde barcos
telares subterráneos
de lirios infinitos.
El hongo atraviesa ahora
en oníricas oleadas
su sangre al árbol,
sube tenaz
los más altos celajes
se cumplen los pesados designios
de las espirales.

¿Escucha acaso el árbol
el aguzado fervor
del hongo alucinante?
¿Será esta vez
por fin
acertado el abalorio?

Chantaje de la flor,
espejo atormentado,
perentorio acecho panegírico.

Las palabras que quedan
en el regazo del árbol
caen inútiles
donde duerme el hongo
vanidoso.

Me he tragado un pez de luz

Me he tragado un pez de luz como si nada.
Revientan en trozos dispersos
mis encías por el suelo.

Inesperadamente comienza a llover.

Hay momentos en que debiera estirar los brazos,
huir,
como si el terco
espesor del mediodía me quemara.

Muchas veces cual si naufragara me siento
anclado en el pasado
mi corazón a unas cuantas olas amarrado.

He decidido olvidar mi cuerpo en el estío
coronar los espacios
donde pude encontrar la calma.

Lamento las muchas extravagancias de la memoria
cuando comienza a caer la noche
entre la resaca y el frío.

Ya no saboreo las jóvenes oleadas de sol
que doraban mi cabellera inútil.

Si supieras de esta calle
donde el caos gobierna
y el ojo de la noche

se esparce
como un sombrero ajado
cubriendo las gastadas ansias.

Si supieras de la estación de esbeltas madrugadas
caracoleando maravillas
alterados espacios de ofrendas exaltadas
ritmos que susurran:
¡He estado ahí, lo he visto!

Regreso a la profunda angustia de otros tiempos.
Quizá esta lluvia nos traiga por fin algún alivio.
Quizá nos llegue por fin una esperanza.

Había caballos impolutos

Había caballos impolutos
en la pradera
de recios romerillos.
Sus crines impacientes
al espejo sempiterno saludaban
al tiempo que redescubrían
el ojo ardiente
de la fruta mojada en la sabana.

Diversos rosales de fugitiva extravagancia dormitan
sin percibir aún el ansia
de los caballos galopantes.

La silente amenaza hirsuta calibrando sus crines
       en la noche.

Triste es la sabana do sobreviven
apenas los rosales.
Esos mismos rosales
que imploraban a los caballos cejudos
ahora escapan
parejitos
como máquinas telúricas
sosteniendo camisones
de dudoso linaje perfumado.

Pero en la siesta de los caballos
el sueño hace presa
con creciente deseo
de los rosales trémulos.

No hubo quizás otro recato
otra incisión que negociara
una tregua apaciguante.

Muy pronto la intención aflora
y los caballos de sueño fugaz
por fin van venciendo
al ojo cadencioso.

En el cuerpo un jadeo incesante
a los rosales va embistiendo
pertinaz
    impávido
        resoluto.

La sabana sostiene con su tinta amarilla
        la noche turbulenta.

La luz parece

La luz parece que rejuega en los vitrales,
en contradanza por intersticios
de oscuros ramajes sucumbe
como duende abstraído.

El tragaluz en la cúpula
de encendidos amarillos alienta
el desacato infantil
y descarado del verso.

Pedazos de papel quemado
—que misteriosas palabras
alguna vez guardaran—
por abrumados parajes flotan,
y en su intento de escapar a lo perenne
despiertan a las espesas antorchas
de tullidos volframios ardiendo.

El paso de la luz por las tibias alacenas palidece.

La sombra arrebatada al cuerpo observa
sin comprender nada aún,
mientras la luz,
sumisa y juguetona,
revela pedazos de mundos inciertos.

Por estalactitas desciende la gota,
su estadía en la tierra de minerales aromas
la preñaron. Su recorrido
por el rayo de luz
tan de repente asaltado duda.

No sé si pueda escapar
o atrincherarse en tenues maderas
de quebradizos violines.
No sé si pueda de un salto
arrebatar su perdido espacio
recuperar la sombra que invade los portales
en una tarde absolutamente quieta
como esta.

Simple es la misión del que descorre cortinas,
simple como la aguja sembrada de aluviones,
o como tejer alambradas
desde la comodidad de un tazón,
mientras un Murakami insomne
conjura reflejos de unicornianos cráneos
despidiendo temblores en la noche
sembrada de fantasmas.

A los amigos

Bajo estas amplias columnas
donde las palomas regresan a sus miedos
comienzo a caminar.

Encuentro a los amigos de antaño
en los tumultos desesperantes,
sin saber qué decir,
las palabras atragantadas en algún resquicio.

Comienzo a ver claro ahora.
Las estaciones tenían un espejado saltar,
una cierta pujanza,
cuando asomados a la ventana
comíamos ingenuamente del evangelio.

Siento pena por mí mismo y por ellos.
Aquellos, los mismos,
los que enterraron sus esperanzas en lo oscuro.

Edulcorado esplendor de las eras imaginarias.
Cansados de esperar
resaltan en destellos sus almas enjutas.

Así camino esta mi muerte,
en el exilio de las sombras perplejo.
Así he encontrado a mis amigos de antaño,
en el sueño,
avizorando el perezoso deambular de las aguas,
retozando siempre con la pureza de los labios.

Tercos robles mansos

Hacia la mañana nos despedimos
tan descalzos y húmedos
entre los tercos robles mansos.

Manso es el espacio entre la puerta
y la sortija que gira
entre seis danzantes girasoles.

Cuando se encierra el tigre gira
en la ciudad que desde arriba
también mansa nos parece.

Uno de los girasoles
que entreabre la mueca va en silencio
despegando los labios inmaduros
y en el espejo su corbata de humos
titubea.

Las palabras que dejamos en la mañana
desde el muro enorme nos miran
y como niñas juegan,
o como viejos que danzan
sin camino.

Míralas,
dícense secretos entre paso y paso.

En sus mansos destellos
el tigre mira sin luz,

la cortada luz que nos arrastra
                de mañana,
tan descalzos y húmedos,
entre los tercos robles mansos.

Por el sendero de las almas enjutas

por el sendero de las almas enjutas
tropecé y caí
mi cara contra el mármol
de inútiles enseñanzas
augurios de jueces cejijuntos
por callados manicomios
avanzamos
sin horizonte
ni espigas
ni bonitos ideales enmarcados
abigarradas sombras
de humos hediondos
nos guían
las almas enjutas
en curtidos días de sol
se consumen
las almas enjutas
que debieran arrebatar de cuajo
la tierra por su centro
al pérfido burlón adulan
maromas inauditas
traición
desidia
lujuria y odio
(mucho odio)
unas tras otras
bajando a las profundas grietas
donde no crece el sol
la quimera del viento ondea invisible
permanecen
insisten en la voracidad

sin trascendencia
compañeras de olvido
las almas enjutas
permanecen.

Hay palabras

Hay palabras que duelen lo que no duele un puñal
zarpazos que escarban en lo hondo
malditas tinieblas que no osaríamos pronunciar
por miedo.

Hay pedazos de alma regados por el suelo
pardas encrucijadas por donde cruza
un azaroso pájaro de garras infieles que dormita
y sacude de un tirón siglos de espeluznantes
gravitaciones inhumanas.
Ambiciones de demorados letargos,
urdimbres,
secuestros, violaciones,
indecibles vejámenes
ocurriendo a diario.

Pero también hay belleza en el mundo,
y una sola gota de amor es más poderosa
que cien lanzas de odio.

Al menos esto
me gustaría creer.

Índice

CPSIA information can be obtained at www.ICGtesting.com
Printed in the USA
LVOW11s1104130316

478974LV00001B/61/P